AF245302

L 43
b
152

COUP-D'OEIL

SUR

L'ÉMIGRATION

TOUT homme qui condamne les excès de la révolution française, ne peut condamner aucun des individus qui ont voulu s'y soustraire ou même s'y opposer, et ces deux classes renferment évidemment toutes celles des émigrés.

COUP-D'OEIL

SUR

L'ÉMIGRATION

ET

LA LOI DE PROSCRIPTION

PORTÉE CONTRE LES ÉMIGRÉS,

OU

LE CRI DE LA VÉRITÉ,

Adressé au Consul BONAPARTE,
par un de ses frères d'armes,

Et au Public, par l'Auteur de la JOURNÉE SOLITAIRE DE L'HOMME SENSIBLE.

———

A PARIS,

Chez SUROSNE, Libraire, 2me. cour du Palais Égalité, N°. 20.

AN IX——1801.

AVERTISSEMENT.

—

La plus heureuse apologie des émigrés serait sans doute celle qui, adoptant une marche historique, réunirait les plus hideux des excès révolutionnaires, causes de l'émigration, et en mettrait dans tout leur jour les effrayantes particularités. Peut-être on me blâmera d'avoir trop négligé l'arme la plus favorable à la cause sacrée dont j'entreprends la défense. Je prie ceux qui seraient disposés à me faire ce reproche, de vouloir bien, avant de me condamner,

peser les raisons qui m'ont déterminé à adopter le plan que
j'ai suivi. J'aurais surmonté la
répugnance qu'éprouve tout
cœur honnête à s'enfoncer, à
fouiller dans ces scènes atroces
dont chaque circonstance fait
frissonner la nature ; mais j'ai
senti qu'au moment où les plaies
de notre patrie commencent à
se cicatriser, il pourrait être
dangereux de s'appesantir sur
ces détails exécrables, trop faits
pour remuer toutes les pas-
sions. J'ai pensé qu'une pein-
ture générale, présentée dans
un cadre resséré, n'aurait point
l'inconvénient de ranimer les
animosités assoupies, et suffi-

rait cependant pour faire ressortir la révoltante injustice de la proscription des émigrés. Si cette forme de tableau est moins favorable pour émouvoir et subjuguer le cœur, elle est plus propre à déterminer la conviction de l'esprit par des rapprochemens frappans et décisifs. Mais peut-être, d'une autre part, me reprochera -t-on d'avoir réveillé des souvenirs amers. Ce ne sont pas mes accents, répondrai-je, qui rappellent ces souvenirs ; ce sont les pleurs de l'innocence et de la nature. En me rendant leur interprète, j'ai soigneusement évité toute personnalité et toute aigreur : puissent bientôt les injustices réparées et les larmes essuyées, nous débarasser de tous les souvenirs douloureux et nous permettre enfin de détourner du passé un pénible regard, pour ne plus nous occuper que de reconnaissance et de bénédictions.

En adressant ce faible écrit au Premier Consul, je ne mets sous ses yeux que des vérités qui ne peuvent avoir échappé à sa pénétration. Sans doute, le langage de la justice et de l'humanité ne lui est point étranger, et l'intention du gouvernement est de consoler et de rendre enfin au bonheur les victimes de la révolution. Mais, au bruit de nos canons, j'ai entendu succéder le bourdonnement de cette nuée de vampires qui s'attachent aux infortunés proscrits, les dévorent, prolongent leurs tourmens pour s'engraisser de leurs dernières ressources; et j'ai conçu le désir et l'espoir d'abréger ces inutiles et cruelles lenteurs, qui achèvent de consumer des malheureux déjà trop persécutés. Ces interminables délais, me suis-je dit, indiquent assez que des obstacles entravent encore le vœu du gouvernement : je publierai donc les frappantes vérités que j'adresse au premier Consul, et peut-être aurai-je le bonheur de contribuer à écarter ces funestes obstacles.

O vous ! qui lisez cet opuscule, qui que vous soyez, si le cri du sentiment n'est pas étranger à votre cœur, si vous connaissez toute l'amertume d'un soupir poussé dans les déchiremens de la nature, et les angoisses du désespoir, unissez votre voix à la mienne, et fesons enfin triompher la cause de l'humanité.

———

COUP-D'OEIL

SUR

L'ÉMIGRATION.

Les annales de la France présentent, vers la fin du dix-huitième siècle, l'époque remarquable où se développèrent dans son sein tous les germes de l'anarchie.

Alors le féroce jacobinisme, aiguisant ses poignards et allumant ses torches, commençait à faire entendre ses sinistres hurlemens ; déjà le silence de la justice semblait encourager à répandre le sang de l'innocence. Des victimes élevées et suspendues aux fatales lenternes présentaient à tous les yeux l'etendart de la terreur. Tous les désordres, toutes les horreurs se commettaient ou s'annonçaient pour un avenir prochain.

Les Français qui, depuis cette époque où leur patrie foulant aux pieds toutes les lois, tous les principes, et tous les sentimens de la nature, était devenue l'antre du crime; tous les Français qui, effrayés ou indignés, avaient fui sur une terre étrangère, furent invités à rentrer en France, à la lueur de leurs habitations incendiées, dans le tems où les gémissemens des victimes n'y étaient interrompus que par les cris des meurtriers. Tous les émigrés qui ne se sont point rendus à cette invitation dérisoire, tous, sans exception, hommes, femmes, enfants et vieillards furent à jamais bannis de leur patrie, par une proscription dont la postérité aura peine à croire les barbares et absurdes dispositions. Il était réservé au siècle du philantropisme moderne de calculer, de méditer de sang-froid d'aussi révoltantes injustices, d'en convertir en loi la substance, de défendre enfin aux générations futures d'y faire aucun changement ; sans doute afin de transmetre aux tems les plus reculés un monument curieux des excès du nôtre !

Un exemple remarquable dévoile entièrement le plan et le but des proscripteurs. Cette respectable duchesse d'Orléans, si intéressante par sa bienfaisance et ses malheurs, cette femme, dont les vertus faisaient l'ornement de sa patrie et forçaient l'admiration des siccaires mêmes du jacobinisme, abreuvé d'amertume, dépouillée, et enfin, banie de la France, d'où les dangers et les persécutions n'avaient jamais pu la déterminer à sortir : cet exemple frappant n'achève-t-il pas de prouver que ce n'était point de punir des coupables qu'avait en vue le premier barbare, assez déshonté pour proposer, au nom de la nation française ! de proscrire en masse des milliers de ses enfants qu'elle-même, par ses fureurs, avait forcés de fuir ?

Mais, pour mieux apprécier cette féroce proscription, il est essentiel d'envisager l'ensemble des faits (A) qui ont déterminé l'émigration.

Cet orage, qui a englouti des millions de victimes, grondait de toutes parts lorsque l'émigration a commencé. Du moment où les principes désorganisateurs en se développant

---

(A) Faits authentiques dont aucun homme, quelque prévenu qu'il soit par la partialité et l'intérêt, n'osera contester la vérité, s'il ne possède assez d'impudence pour prétendre nier la lumière du soleil.

eurent donné le signal du meurtre et de l'anarchie, tout homme sensé pût en prévoir l'effrayant ravage ; l'être faible dût fuir pour éviter d'en être ou victime ou témoin ; l'être capable de résistance, dût sentir le besoin d'opposer une digue au débordement dévastateur. Mais bientôt convaincu par l'expérience de l'inutilité d'un effort isolé, il ne lui restait que l'alternative de se laisser entraîner par le torrent, ou de se mettre à l'écart pour conserver ses forces. Tout homme juste et impartial, à moins d'approuver les excès de la révolution, ne peut condamner aucun des infortunés qui ont voulu s'y opposer ou s'y soustraire ; et à ces deux classes appartiennent évidemment toutes celles de l'émigration (A). De-

---

(A) Parmi les causes les plus funestes de l'émigration, on doit sans doute ranger la

B

puis le massacre de Berthier et de Toulon, la France n'offrait plus un asile assuré à la faible innocence sans défense, sous l'impuissante égide de la loi : tout homme sorti d'un sang illustré au service de la patrie dans la série des siècles, était par la même dévoué aux poignards, aux injures, aux persécutions et aux coups du pre-

---

destruction des autels et du culte public. Combien, en effet, d'ames tendres et bien-faisantes, accoutumées à mesurer dans la balance de l'éternité, les courts instans d'une vie de souffrance, auraient courageusement envisagé tous les genres de sacrifices, mais qui n'ont pu supporter la privation des secours extérieurs d'une religion, où elles trouvaient la source de toutes leurs consolations, ni se passer des conseils et des lumières de ces ministres du salut, qui les ayant autrefois dirigées dans le sentier de la sainteté, et dont le dévouement héroïque et les vertus touchantes conquéraient alors la vénération de l'étranger.

mier scélérat qui voudrait, en le massacrant, mériter les distinctions et les couronnes civiques. « Ce riche ne nous est connu que par ses bienfaits, disaient des malheureux, moins coupables sans doute qu'égarés : mais la nation nous ordonne d'incendier son château. » Leurs larmes arrosaient les brandons allumés dans leurs mains par le délire révolutionaire, et cependant ils exécutaient ce qu'ils appellaient l'ordre de la nation !... Tout individu qui, par sa naissance, sa fortune ou ses talens, avait le malheur de jouir de quelque considération dans le canton qu'il habitait, ne pouvait y paraître en public sans s'y voir exposé aux insultes et aux cris de mort, trop souvent réalisés. Forcé de quitter ses foyers, il cherchait la sécurité dans une autre province. Mais ces vociférations, inventées par l'enfer et à la honte de notre âge, converties en chansons, semblaient par-tout s'attacher à ses traces. Elles retentissaient sur tous les points de la France et l'on apprenait, par une funeste expérience, à ne point les mépriser comme de vaines menaces. Fuyant de ville en ville, (A) il se voyait réduit à chercher loin de sa patrie un sol hospitalier où il pût enfin reposer sa tête proscrite. C'est ainsi qu'un grand nombre des infortunés, bannis à jamais du territoire français pour avoir quitté la France, ne l'on fait que poursuivis par le fer et

---

(A) Au milieu de ces scènes lugubres, l'imagination fatiguée aime à se reposer sur les traits consolans où se caractérise encore le cœur français. Combien d'hommes dignes de vénération, on a vu s'empresser d'accueillir, aux dépens même de leurs propres jours, ces victimes persécutées. Les femmes sur-tout se sont distinguées dans ce genre d'héroïsme. On peut calculer combien les traits de cette

le feu; plusieurs d'entre eux n'ont pu échapper à une mort terrible qu'au travers des débris de leurs habitations embrâsées ; plusieurs même portent encore les cicatrices du poignard abreuvé de leur sang ; des femmes en fuyant sont mortes d'effroi, et d'autres dans les convultions de la terreur, ont contracté des maladies incurables. Au moment enfin où la voix ironique des persécuteurs intimait à leurs victimes errantes de rentrer sur le territoire français, on ne pouvait y

____

nature devaient être fréquens, maintenant que l'on a sous les yeux les preuves des nombreux changemens de domicile, occasionnés par la persécution. Sans doute ces exemples touchans auraient été bien plus multipliés encore, si souvent la délicatesse des proscrits ne leur eût fait craindre d'abuser d'un dévouement généreux, en exposant leurs protecteurs à tous les dangers et à tous les suites

voyager un jour entier sans entendre les hurlemens des tigres révo-
lutionaires, où sans rencontrer les
vestiges de la férocité de ces monstres, que l'impunité semblait auto-
riser, de ces monstres, que l'on a
vu nombre de fois, (sans doute ceux
qui n'en auront point été témoins
ne pourront le croire) se jouer avec
les *chairs pantelantes* de leurs victimes, et en présenter au passant
effrayé les lambeaux ensanglantés
pour éprouver, disaient-ils, la fer-
meté de son patriotisme (A)... Pou-
vait-on alors faire un crime à ceux
qui prévoyaient tous les développe-
mens de ces horreurs, de ne point
venir présenter la tête aux fureurs
d'un Robespierre, qui déjà, avec ses

(A) De son patriotisme!... et quel rapport
la plus sublime des vertus sociales a-t-elle
donc avec la férocité des tigres!

cannibales, préparait ses prisons,
ses guillotines, trop lentes à son gré,
ses mitraillades, ses bateaux à sou-
pape, ses comités révolutionnaires,
en un mot tout l'attirail de la terreur,
et ne serait-il pas révoltant de laisser aujourd'hui subsister la punition
d'une prévoyance si cruellement jus-
tifiée ?

Mais tous ceux qui, malgré ces
sinistres présages, bravant tous les
obstacles et les dangers ont osé rentrer à la première sommation, ne
se sont-ils pas vus victimes de leur
téméraire confiance ? N'ont-ils pas
été enveloppés dans ces incarcéra-
tions générales qui ont eu lieu pres-
que dans toute la France, à cette
époque honteuse où tant d'illustres
proscrits étaient indistinctement en-
tassés dans les prisons, quelques-uns
même malgré les prières des malheureux qui voyaient en eux moins

leurs maîtres, que leurs pères, et au nom desquels cependant on les persécutait ! Plusieurs y sont morts dévorés par l'inquiétude et abreuvés d'amertume , et tous s'y sont vus exposés à la rage de leurs ennemis. Qui oserait condamner, ceux qui , ayant préssenti ces terribles résultats , ont voulu s'en garentir ? Rien ne peut donc la justifier cette loi de proscription qui devient la sanction directe des forfaits dont elle punit si cruellement les victimes. Cette barbare loi révolte autant la justice que l'humanité : si je ne le disais pas, les enfants le diraient ; c'est le cri général, au milieu même de la fermentation des partis. Et sans doute vous ne l'avez jusqu'ici laissée en évidence que pour en mieux faire sentir la monstrueuse absurdité, afin qu'elle s'écroulât ensuite, foudroyée sous le poids de l'opinion.

Révoquez la donc entièrement cette atroce proscription et révoquez la sans hésiser, puisqu'enfin l'opinion publique s'est assez fortement prononcée à cet égard et que chaque instant de retard ferait couler des larmes amères et innocentes, que les ennemis de votre gloire recueilleraient dans la coupe de la justice.

Mais le véritable Français, le Français vertueux et sensible, n'aura-t-il pas aussi le droit d'unir au cri public, la voix particulière de son cœur? C'est vers l'homme en place, c'est vers vous que s'élèvent ses accents doulonreux : rendez-nous, s'écrie-t-il, rendez-moi les seuls êtres qui puissent me réconcilier avec moi-même et soulager mon ame sous le poids terrible qui l'opresse. Des horreurs sans nom ont souillé ma patrie; des forfaits nombreux ont été commis sous mes yeux. Si je n'ai pas moi-même dirigé le poignard, j'ai vu les victimes en tombant me reprocher de n'en avoir point arrêté les coups. Des ombres sanglantes s'élèvent de toutes parts autour de moi : «Où étais-tu, me crie leur voix foudroyante, n'étais-tu pas auprès de nous lorsqu'on nous massacrait? Que faisais-tu donc? rampant esclave des monstres qui nous dévoraient, tu craignais même de leur laisser appercevoir ta pitié pour nos souffrances; tu t'empressais d'adopter leur langage, leur costume et leurs manières; tu t'efforçais de remplacer et d'encourager par l'excès de ta bassesse, les excès de leur férocité. Ne te rendais-tu pas ainsi complice de leurs crimes? N'allais-tu pas enfin célébrer sur nos tombeaux ces jours de deuil pour l'humanité et de honte pour la France, ces jours dont les larmes du repentir pourront à peine,

dans la suite des siècles, effacer l'op-
probre ? Tremble, malheureux ! fré-
mis de honte et de remords ! Que
nos cicatrices déchirées soient sans
cesse devant tes yeux, que notre
sang te poursuive sans relâche ». Tels
sont les terribles reproches qui s'attachent par-tout à mes pas.

Où chercher un asile contre mon
propre cœur ? Où trouver une main
pure pour effacer ces traces sanglantes ? Est-il aucun de nous qu'elles
ne souillent ainsi que moi ?... Ah !
qu'ils reviennent ceux qui n'ont pu
se prêter à l'infâme habitude du par-
jure (A), ni rester indifférens témoins

(A) O France ! ô ma patrie ! que devait donc
penser l'Europe à cette époque honteuse,
où dans la fermentation de tous les crimes,
le vice comme une écume immonde, s'é-
levait de toutes parts dans votre sein et se
présentait exclusivement à ses regards indignés, à cette époque terrible où nous

de tous les crimes ! qu'ils nous rendent des vertus trop long-tems né-

---

solemnisions dans des fêtes nationales plusieurs de ces journées trop célébres par des massacres et des excès dont la pudeur et l'humanité défendent de retracer les détails ? Que devait alors penser de nous l'Europe qui ne pouvait nous juger que par ces hommes publics dont l'immoralité , en nous accoutumant à nous jouer avec la foi des sermens, respectée même chez le nomade du désert , semblait vouloir briser les derniers liens qui nous unissaient aux nations civilisées !

Au moment où j'achève ces lignes , plusieurs journaux , présentent sous le titre *Observations* , un morceau que l'histoire s'empressera de recueillir cette piéce est peut-être la plus forte de logique et la plus frappante de vérité qui ait paru depuis plusieurs années : je me permetterai donc d'en consigner ici les traits les plus analogues à mon sujet et les plus propres à peindre ces hommes dont la fatale influence a présidé à toutes les scènes funestes de la révolution.

« Aussi malhabiles à connaître leurs in-

gligées , qu'ils viennent dans les
bras de leurs frères , qu'ils daignent

—————————————

» térêts que ceux de la patrie , on les a vus
» périr les uns après les autres dans les
» catastrophes qu'ils avaient préparées. Quel-
» ques-uns cependant , caressant à - propos
» les plus viles idoles, sacrifiant aux restes
» de Marat les mânes de Mirabeau, à la crainte
» les sentimens les plus chers de la nature,
» à l'intérêt de leur conservation tous les
» intérêts de leur parti , sont parvenus jus-
» qu'aux derniers jours de la révolution
» couverts de l'égide de leur divinité tuté-
» laire, la peur.

» Ces déraisonneurs intarissables , qui se
» disent orateurs, ne peuvent convenir des
» malheurs d'une guerre générale, deux fois
» renouvelée, sans se voir forcés de convenir
» aussi qu'elle fut provoquée deux fois par
» l'exécration que leurs maximes et leur
» conduite inspirèrent à l'Europe. S'ils con-
» viennent des déchirements de la guerre
» civile, ils sont forcés de convenir aussi
» qu'elle est née de leurs excès, de leur in-
» tolérance religieuse, de l'indignation qu'une

me presser sur leur sein généreux
et que leurs larmes pures achevent

» législation cruelle inspira à des provinces
» entières.

« Que ces misérables métaphysiciens ap-
» pliquent aux lois sur l'émigration leurs
» principes abstraits de liberté civile ; qu'ils
» nous montrent cette liberté dans un ordre
» de choses où il suffit d'être inscrit parmi
» cent quarante mille noms recueillis par
» la barbarie, et signalés par la terreur
» pour perdre tous ses droits de cité, et se
» voir dévoué aux échafauds !

» S'il fallait déporter des milliers de ci-
» toyens, envoyer au-delà des mers quinze
» mille vieillards ; arracher à leur famille,
» à leur patrie vingt-quatre mille cent
» soixante quatorze laboureurs et ouvriers,
» onze mille huit cent vingt-cinq femmes,
» quatre mille huit cents individus inscrits
» collectivement, alors ces habiles orateurs
» qui reprouvent l'arrêté du 28 vendémiaire,
» sauraient bien, éclairés par le flambeau des
» furies, trouver constitutionel, juste, hu-
» main, patriotique, républicain, un projet
» injuste et barbare.

de laver ce sang qui me flétrit,
qu'ils me réconcilient enfin avec

» Tout acte par lequel le gouvernement a
» essuyé une larme ou mis le bien à la place
» du mal, a produit une amélioration exté-
» rieure ou intérieure, est pour eux un coup
» de poignard. Les blessures qu'ils ont faites à
» la république se cicatrisent : ils voudraient
» défendre leur ouvrage et les voir saigner
» encore. Alors ces orateurs métaphysiciens
» trouveraient, dans l'arrêté du 28 vendé-
» miaire, la cause de tous les désordres, tous
» les assassins seraient des émigrés, tous les
» émigrés des assassins, et l'on se garderait de
» dire que parmi trois mille brigands saisis
» depuis quelques mois, il n'en est pas un seul
» dans le cas de l'arrêté du 28 vendémiaire.
» Les orateurs métaphysiciens établiraient
» que les prêtres doivent exciter au meurtre,
» et tireraient de leurs principes la preuve
» qu'ils dirigent en effet le fer des brigands.
» La vérité est que la tranquillité des masses
» dans les départemens du Morbihan, d'Isle-
» et-Vilaine, de Maine-et-Loire, est dû à la
» bonne conduite des prêtres ; mais la vérité

ma propre estime !... Mais n'entendez-vous pas les cris déchirans de ces malheureuses familles dispersées? Voyez-vous ce vieillard dont le front sillonné par le chagrin touche aux portes trépas ? Il étend ses bras défaillants ; sa voix tramblante et plaintive appelle en vain ses enfants: ils voudraient, aux dépens de leurs jours même, recevoir ses bénédictions et ses derniers soupirs ; mais la désespérante proscription s'élève devant eux comme la barrière insurmontable du tombeau.... Qu'a donc fait, vous crient ils, qu'a donc fait ce repectable vieillard pour être privé de nos dernières consolations ? Il a toujours été le soutien, l'ami des infortunés; ses cheveux sont blanchis dans la pratique de la vertu.

» n'est rien auprès de la déduction de la mé-
» taphysique politique, etc. »

Ses richesses voilà son seul crime!.. Eh quoi! cet or qui, dans ses mains, fut toujours destiné au bonheur des hommes, sera donc la seule cause de son désespoir et du nôtre! Ah! qu'on le garde cet or et qu'il nous soit permis de remplir le plus sacré des devoirs de la nature.

O vous! qui n'avez qu'à vouloir pour rendre le bonheur à la France, au monde entier; c'est en répandant le bonheur que l'homme puissant devient semblable à la divinité. Réunissez tous les Français; que les accents de la tendresse se confondent avec ceux du repentir, que toutes les erreurs, les foiblesses et les souffrances soient oubliées; que la France ne présente plus à l'Europe qu'une grande famille dont l'union, la justice, la modération et les vertus actuelles fassent oublier les fureurs et les excès du passé : alors, de toutes parts les armes tomberont des mains élévées pour vous bénir ; alors de leur respectable burin, la paix et la prospérité du monde graveront votre immortel éloge dans le temple de la vraie gloire, dans ce temple célèbre où règne la justice et dont les portes ne s'ouvrent jamais que pour la bienfaisance.

Tel est le vœu du vrai français ; tel est le vœu d'un de vos frères d'armes qui se rend l'organe du cri public : si ma bouche semble muette sur le bien que vous avez fait, c'est que je n'ai pour but que d'être utile et qu'il n'est point à craindre que la tourbe famelique des adulateurs vous laisse ignorer l'approbation que peuvent vous mériter vos démarches. Vous avez réparé beaucoup de maux, sans doute, et de nombreuses bénédictions ont retenti à vos oreilles et récompensé votre cœur. Mais des

larmes amères, larmes vénérables
de la nature déchirée et de l'innocence
malheureuse, coulent encore dans
l'intérieur des familles, et leur voix
douloureuse n'arrive point jusqu'à
vous : c'est à l'enfant de Mars à faire
retentir le cri de la vérité, quand
les muses n'osent plus en parler le
langage.

F I N.

www.ingramcontent.com/pod-product-compliance
Lightning Source LLC
Chambersburg PA
CBHW061704060726
47597CB00006B/2178